Grands Événements | numéro 6

LE TITANIC,
UN PAQUEBOT DE LÉGENDE

Le naufrage de l'insubmersible

par Romain Parmentier

50MINUTES

Avec la collaboration de Christelle Klein-Scholz

LE TITANIC

- **Quand ?** Dans la nuit du 14 au 15 avril 1912
- **Où ?** Dans l'Atlantique Nord-Ouest
- **Contexte ?** Belle Époque (le temps des paquebots).
- **Protagonistes ?**
  - Edward John Smith, marin britannique (1850-1912)
  - Thomas Andrew, architecte naval britannique (1873-1912)
  - Joseph Bruce Ismay, homme d'affaires britannique (1862-1937)
- **Répercussions ?**
  - La nouvelle législation en matière de sécurité maritime
  - La création de la patrouille internationale des glaces
  - La naissance d'un mythe autour du Titanic

Gigantesque, luxueux, splendide, insubmersible, le *Titanic* reçoit depuis sa création les plus beaux qualificatifs. Pour les voyageurs de ce début de XXe siècle, cela ne fait aucun doute : le navire, chef-d'œuvre de l'industrie, est bel et bien le plus grand paquebot du monde. Bijou de la compagnie maritime *White Star Line*, le *Titanic* est destiné, par son luxe et sa technologie des plus avancées, à écraser les navires des sociétés rivales dans la traversée transatlantique qui relie le Vieux Continent à New York.

Le 10 avril 1912, le navire entame son voyage inaugural, avec aux commandes Edward John Smith, un vétéran des mers qui a toute confiance dans les capacités du paquebot. 2 200 passagers et membres d'équipage font partie du voyage, dont les plus grandes célébrités de l'époque. Tous s'imaginent vivre une traversée de rêve, ignorant que le paquebot orgueilleux court à sa perte.

Le 14 avril 1912, à une vitesse toujours plus importante, le *Titanic* se dirige vers une zone de glaces dérivantes. Si les messages d'avertissement ne cessent de le prévenir du danger qui se profile à l'horizon, aucun n'est véritablement pris en compte. Mais à 23 h 40, les veilleurs constatent que le navire fonce vers un iceberg. Malgré la rapidité de la réaction de l'équipage, le *Titanic* heurte la glace à tribord. Les dégâts sont lourds et seules 1 178 places sont disponibles dans les canots de sauvetage. L'une des pires tragédies maritimes de l'histoire est sur le point de se jouer.

CONTEXTE

L'EUROPE MAÎTRESSE DU MONDE

Le *Titanic* ne peut certes à lui seul résumer le contexte de son époque. Néanmoins, les analogies entre le sort tragique de ce paquebot de luxe et la perte prochaine de la société européenne qui s'apprête à se briser sur l'iceberg de la Grande Guerre (1914-1918) sont nombreuses. À l'instar du navire, l'Europe de la fin du XIXe siècle et du début du XXe est véritablement maîtresse du monde. En quelques décennies (1830-1870), son économie est transformée à jamais par la première révolution industrielle (fer, charbon et machine à vapeur). À cette dernière succède, à partir de 1896, une seconde révolution inaugurant l'ère du pétrole, de l'acier et de l'électricité. Le capitalisme devient roi sur le Vieux Continent qui, suite à ces grands changements, voit sa démographie doubler en à peine 50 ans.

Cette incroyable croissance économique et démographique amène l'Europe à se tourner vers le reste du monde. En effet, le Vieux Continent ne dispose plus des ressources alimentaires et des matières premières nécessaires à sa croissance. Il lui est donc indispensable de chercher de nouveaux marchés qui lui fourniront des ressources, mais aussi des consommateurs. Ce contexte ouvre ainsi l'Europe au colonialisme et à l'impérialisme. L'Afrique et l'Asie sont les victimes de cette nouvelle colonisation qui voit chaque parcelle de territoire disputée par les puissances européennes. En 1900, le Vieux Continent domine véritablement le monde avec ses colonies, au point qu'un habitant sur quatre dans le monde vit dans un territoire appartenant à l'Angleterre. Seuls les États-Unis et le Japon échappent à cette hégémonie.

Au terme de ce processus d'expansion, l'Europe soumet le reste du monde en lui imposant ses valeurs, ses politiques et son industrie. Au détriment des peuples qu'elle colonise, elle accapare toutes les richesses et redistribue ses produits, augmentant inexorablement ses profits. Le monde est désormais organisé par et pour elle. Toutefois, la recherche continuelle de richesses suscite des inégalités et des divisions entre les nations européennes à tel point que la guerre paraît inévitable.

L'EFFERVESCENCE DE LA BELLE ÉPOQUE

Poussés par les innovations énergétiques et techniques, les différents pays industrialisés développent, à la fin du XIXᵉ siècle et au début du XXᵉ, une véritable culture du progrès incitant inventeurs et ingénieurs à repousser sans cesse les limites du possible. Les hommes de la Belle Époque font preuve d'un optimisme sans égal à l'égard des sciences et de la technologie qui, à chaque avancée, améliore le quotidien pour un avenir toujours plus prometteur.

La « fée électricité », mise au jour par l'invention, en 1879, de l'ampoule électrique à incandescence par Thomas Edison (inventeur américain, 1847-1931) fait ainsi son apparition dans les grandes villes, accompagnée par la dynamo ou encore la télégraphie sans fil (TSF). De même, les premiers appareils électroménagers tels que les cireuses électriques, ou encore les premiers appareils téléphoniques de Graham Bell (inventeur et physicien américain, 1847-1922) voient le jour à la fin du XIXᵉ siècle. L'art du divertissement n'est pas en reste, avec l'invention du cinéma et du phonographe. Enfin, la science en général et la médecine en particulier font d'immenses progrès avec la théorie de la relativité d'Albert Einstein (physicien américain, 1879-1955), les découvertes sur la radioactivité de Marie Curie (physicienne française, 1867-1934) ou encore dans les domaines des rayons X ou de la pharmaceutique. L'hygiène devient incontournable pour la médecine, et l'usage du chloroforme permet désormais des anesthésies générales.

Ce sont donc tous les domaines de la société qui sont bouleversés par les progrès de la Belle Époque. Mais c'est à un phénomène en particulier que toutes les sources d'énergie vont contribuer : celui de l'abolition des distances.

LE TEMPS DES PAQUEBOTS

Dans ce monde en pleine effervescence, les ingénieurs rivalisent de moyens afin de créer des transports toujours plus rapides, et ce avec le maximum de capacité. En effet, l'incroyable croissance économique du XIXe siècle pousse les industriels à envoyer les marchandises, mais aussi les informations et les hommes à travers le monde dans les meilleurs délais. Dès les années 1830, le réseau de chemin de fer s'étend afin de rapprocher les contrées les plus éloignées. Il est ensuite relayé par les tramways dans les villes qui s'électrifient. L'automobile fait également son apparition à la fin du siècle et, avec l'invention du travail à la chaîne, symbolisé par la Ford T de l'industriel Henry Ford (1863-1947), elle devient l'un des premiers objets de consommation de masse. Enfin, l'aviation connaît ses premiers balbutiements avec l'invention de l'avion motorisé des frères Orville Wright (1871-1948) et Wilbur Wright (1867-1912).

Cependant, ces moyens de locomotion ne sont pas encore suffisamment développés pour relier les quatre coins du monde. Dans ce domaine, la voie maritime reste la plus efficace. Aux grands clippers à voile succèdent désormais les immenses paquebots capables de transporter des milliers de marchandises et de passagers – qu'ils soient riches, fonctionnaires ou simples immigrants. Symbole de la force industrielle, les paquebots sont également le fruit d'une rivalité acharnée entre les hommes d'affaires afin de produire les navires les plus luxueux, les plus grands et les plus rapides. Une récompense, le ruban bleu, est même octroyée au navire le plus rapide, gage de la compétition que se livrent les armateurs. Dans la première moitié du XIXe siècle, les premières compagnies maritimes ouvrent la route transatlantique, dont la plus prestigieuse n'est autre que la ligne reliant le Vieux Continent à New York. Au début du XXe siècle, pas moins de 150 paquebots assurent cette jonction. D'une longueur pouvant aller jusqu'à 200 mètres de long, leur vitesse atteint désormais les 23 nœuds (environ 40 km/h), réduisant la traversée à six jours.

C'est dans ce contexte que la société *White Star Line*, créée en 1840, lance en 1907 le projet de construire le navire le plus grand et le plus luxueux que le monde ait jamais connu. Symbolique des mentalités de l'époque et de son prestige, le navire portera le nom de *Titanic*.

BIOGRAPHIES

EDWARD JOHN SMITH, LE VÉTÉRAN DES MERS

Navigateur le plus expérimenté de son temps dans l'Atlantique Nord, Edward John Smith est le commandant du *Titanic* lors de son voyage inaugural. Né à Hanley, en Angleterre, le 27 janvier 1850, il est très tôt passionné par la navigation et quitte l'école à l'âge de 13 ans pour rejoindre le monde maritime. Servant d'abord comme mousse sur les navires, il obtient son certificat de capitaine en 1875. Cinq ans plus tard, le jeune homme rejoint la *White Star Line*.

En 1887, Edward John Smith se voit conférer son premier commandement. Au total, ce ne sont pas moins de 17 navires qui voguent sous ses ordres. Fort de son expérience en mer, le capitaine est nommé commandant de la flotte de la *White Star Line* en 1904. Il effectue alors systématiquement les voyages inauguraux des nouveaux paquebots. En outre, sa réputation d'homme calme et rassurant lui vaut toute la sympathie des passagers, au point que certains souhaitent voyager uniquement avec lui. Le parcours du capitaine est en effet un véritable sans faute, hormis lors d'un voyage de l'*Olympic* en 1911, au cours duquel le navire est entré en collision avec le croiseur *Hawke* de la *Royal Navy*. Mais cet incident n'entache en rien la réputation du capitaine qui, en avril 1912, est naturellement placé aux commandes du *Titanic*.

Le 10 avril, au moment du départ, le commandant évite de justesse une collision avec le navire *New York*, aspiré par la masse du *Titanic* à la sortie du port. La suite du voyage se déroule sans encombre jusqu'au soir du dimanche 14 avril. Après avoir officié la messe et passé du temps avec les passagers, il part se reposer dans sa cabine, demandant qu'on le réveille en cas de problème. Mais à 23 h 40, le *Titanic* heurte un iceberg. Face à l'inévitable naufrage du paquebot, Edward John Smith ordonne l'envoi de signaux de détresse et l'évacuation du navire. Vers 2 heures du matin, le capitaine donne ses derniers ordres en libérant les opérateurs radio. Nul ne sait ce qui lui est arrivé par la suite, seulement qu'il repose avec le *Titanic*.

THOMAS ANDREWS, LE CONCEPTEUR

Né le 7 février 1873 à Comber en Irlande du Nord, Thomas Andrews est un architecte naval de renom, concepteur du *Titanic*. Passionné par les navires, il quitte l'école à l'âge de 16 ans, en 1889, et devient apprenti sur les chantiers navals *Harland & Wolff* de son oncle Lord William James Pirrie (homme d'affaires irlandais, 1847-1924). Ne recevant aucun traitement de faveur, le jeune homme passe par les différents départements du chantier pour arriver finalement à celui des dessinateurs. C'est au sein de ce dernier qu'il fait ses preuves et concrétise son projet de carrière. Une fois sa période d'apprentissage terminée, il grimpe les échelons en réalisant de nombreux projets pour des compagnies maritimes, dont la *White Star Line*, et finit par obtenir la direction générale des chantiers en 1905.

L'entreprise étant chargée de la construction du *Titanic*, Thomas Andrews en devient l'architecte et en supervise les travaux, de la salle des machines aux cabines de première classe. Le 10 avril 1912, il participe au premier voyage de son paquebot. L'architecte, accompagné d'un groupe de garantie du chantier, est en effet chargé de veiller au bon fonctionnement du navire et de repérer les imperfections. Durant tout le voyage, il parcourt ainsi sans relâche le *Titanic* à la recherche d'éventuelles modifications à effectuer.

Lorsque le navire heurte l'iceberg, Thomas Andrews se trouve dans sa cabine. Le capitaine l'informe toutefois immédiatement de la situation et, ensemble, ils partent évaluer les dégâts. En découvrant que cinq compartiments du *Titanic* sont inondés, l'architecte est le premier à comprendre que le navire est perdu et suggère aussitôt l'évacuation des passagers. Durant les dernières heures du paquebot, Thomas Andrews n'a de cesse d'aider les voyageurs en les envoyant vers les canots de sauvetage, témoignant d'une attitude exemplaire. Il est vu pour la dernière fois dans le salon fumoir de première classe, attendant, pensif, l'inévitable.

JOSEPH BRUCE ISMAY, LE COMMANDITAIRE

Homme d'affaires et président de la *White Star Line* né le 12 décembre 1862 à Crosby, en Angleterre, Joseph Bruce Ismay est l'homme à l'origine de la construction du *Titanic*. Fils de Thomas Henri Ismay (1837-1899), le fondateur de la compagnie, il suit naturellement les traces de son père. Après son parcours scolaire, le jeune homme devient apprenti durant quatre ans à la *White Star Line*. Une fois sa formation terminée, il continue d'y travailler et succède à son père en 1899 à la tête de l'entreprise.

Dans la lignée de son prédécesseur, Joseph Bruce Ismay privilégie la construction de paquebots gigantesques, luxueux et sûrs. En 1907, il décide de construire trois nouveaux navires, dits de classe « Olympic » (l'*Olympic*, le *Titanic* et le *Gigantic*, finalement rebaptisé *Britannic*). Dans de tels paquebots, il refuse d'ajouter plus de canots de sauvetage que le suggèrent les quotas légaux afin d'éviter d'apeurer les passagers.

En tant que président de la compagnie, il participe également au voyage du *Titanic*. Au moment du naufrage, l'homme d'affaires fait de son mieux pour évacuer les passagers et finit lui-même par monter dans un canot. Sa survie lui vaudra de nombreuses critiques, mais, faute d'éléments pour l'incriminer, il n'est pas inquiété par la justice. Il est toutefois dessaisi de la présidence de la *White Star Line*.

Il meurt le 15 octobre 1937 à Londres.

L'UNIQUE VOYAGE DU *TITANIC*

LA FOLIE DES GRANDEURS

En ce début de XXe siècle, la concurrence est rude entre les compagnies maritimes. En 1907, la compagnie britannique *Cunard Line* lance deux super-paquebots, le *Lusitania* (31 550 tonnes) et le *Mauretania* (31 938 tonnes), qui deviennent les navires les plus gros et les plus rapides du monde. Face à cette nouvelle étape dans le gigantisme, la *White Star Line* entend bien relever le défi et met immédiatement en projet la construction de trois énormes navires destinés à surpasser ceux de l'entreprise concurrente non pas au niveau de la vitesse, mais bien sur la grandeur, le luxe et la sécurité. L'un de ces navires est le *Titanic*.

La construction du paquebot débute le 31 mars 1909 dans les chantiers *Harland & Wolff* de Belfast. Les travaux avancent rapidement et, en un peu plus de deux ans, la coque constituée de 2 000 plaques de tôle d'acier et de plus de trois millions de rivets est achevée. À la pointe de la modernité, celle-ci possède un double fond et est surtout divisée en 16 compartiments, séparés par des cloisons étanches, rendant de l'avis général le navire insubmersible. Le travail d'armement et d'aménagement s'achève au mois de mars 1912. Au terme de ces trois années de labeur, le *Titanic* apparaît bel et bien comme le plus gigantesque navire mis à flot avec ses 269,10 mètres de long sur 28,19 mètres de large et son tonnage de 46 329 tonnes.

Mais ce qui frappe l'imaginaire de l'époque, c'est avant tout le luxe et le confort qui règnent à l'intérieur du paquebot. Les passagers de première classe disposent de véritables appartements dignes des plus belles suites d'hôtels avec toutes les commodités nécessaires, et décorés selon différents styles allant de la Renaissance au style Empire. Ils ont également accès à de magnifiques ponts-promenade et au somptueux escalier surmonté d'une coupole de verre desservant les différents niveaux du navire. Bien qu'installées dans des cabines plus petites, voire des dortoirs, les deuxième et troisième classes ne sont pas en reste et disposent d'un confort qui surpasse largement les première et deuxième classes des autres navires. Chaque classe a sa salle à manger alimentée par d'excellents restaurants, mais aussi ses salons fumoirs et ses bibliothèques. Le navire dispose également de sa propre salle de sport, de même que d'une piscine et de bains turcs.

Le paquebot est également à la pointe de la technologie puisqu'il bénéficie d'une installation électrique remarquable, rivalisant avec les centrales de nombreuses villes, afin d'alimenter lampes, radiateurs, téléphones et autres ascenseurs. De la même façon, le navire se veut le plus sûr possible avec sa propre station de télégraphie sans fil *Marconi*. Seul bémol, le paquebot ne dispose que de 16 canots de sauvetage et de quatre pliables pour un total de 1 178 passagers.

Enfin, cette véritable ville flottante dispose de plus de 890 membres d'équipage, dont 66 hommes de pont, 69 employés des restaurants, 325 mécaniciens et 431 personnes chargées du soin des passagers. Le 2 avril 1912, le *Titanic* reçoit son certificat de navigabilité après avoir réussi ses premiers essais en mer. Le super-paquebot est prêt pour son voyage inaugural.

« RIEN D'AUTRE À PERTE DE VUE QUE L'OCÉAN »

Le mercredi 10 avril 1912, le *Titanic* quitte le port de Southampton (sud de l'Angleterre). À midi, les sifflets retentissent et, sous l'acclamation de centaines de personnes, le paquebot, tiré par cinq remorqueurs, commence à se mouvoir. Or à peine a-t-il entamé son voyage que le super-paquebot se met en danger. En sortant du port, le *Titanic* passe devant deux autres navires amarrés en tandem : l'*Oceanic* et le *New York*. La masse d'eau déplacée par le *Titanic* est telle que le *New York* est littéralement aspiré par le géant au point de rompre ses amarres et de voir sa poupe dériver vers le paquebot flambant neuf. Heureusement, au moment où tous pensent qu'une collision est inévitable, le pilote ordonne l'arrêt des machines et un remorqueur réussit à récupérer une amarre du *New York* empêchant l'abordage à moins d'un mètre. Pour beaucoup néanmoins, cet incident est un mauvais présage.

Si le départ a été retardé d'une heure, le *Titanic* doit toutefois encore réaliser deux escales avant de pouvoir commencer sa traversée, afin d'embarquer de nouveaux passagers. La première se fait à Cherbourg (France). La taille imposante du paquebot, arrivé à 18 h 35, ne lui permet cependant pas d'entrer dans le port dont les quais sont trop petits. Deux transbordeurs de la *White Star Line* sont donc chargés de débarquer 22 passagers et d'en escorter 274 autres jusqu'au *Titanic*. Une heure et demie après son arrivée à Cherbourg, le navire reprend son périple en direction, cette fois, de Queenstown (Irlande), où il arrive le lendemain à 11 heures. À nouveau, le navire est obligé de jeter l'ancre au large, faisant débarquer 8 passagers pour en récupérer 120.

Au terme de ces deux escales, le *Titanic* compte à son bord 1 317 passagers. Pourtant, le paquebot est à moitié vide, puisqu'il peut accueillir jusqu'à 2 604 personnes. Mais ce phénomène est courant à l'époque. Pour les voyageurs, le rodage d'un nouveau navire est synonyme d'éventuels soucis techniques et d'un personnel manquant de repères dans ses nouvelles installations. Le navire peut toutefois se vanter de compter à son bord de véritables célébrités, telles que John Jacob Astor IV (1864-1912), un homme devenu richissime grâce à son empire financier et immobilier, Benjamin Guggenheim (1865-1912), le magnat américain des mines, Lucy Duff Gordon (1863-1935), une styliste anglaise de renom ou encore, Margaret Brown (1867-1932), devenue récemment millionnaire.

À 13 h 30, le *Titanic* est enfin prêt pour sa grande traversée et s'éloigne progressivement des côtes d'Irlande, n'ayant plus face à lui que l'immensité de l'océan. Tous ignorent alors que nombre d'entre eux ne reverront jamais la terre ferme. Mais pour l'heure, les passagers ne pourraient pas rêver meilleures conditions de voyage.

ICEBERG, DROIT DEVANT !

Le *Titanic* fonctionne à merveille. C'est du moins ce que constate Thomas Andrews, qui n'effectue que des réglages mineurs sur le chauffage de quelques cabines. Le navire penche également légèrement à bâbord à cause d'un mauvais équilibrage des stocks de charbon, mais cela n'a aucune conséquence sur le voyage. Durant les jours qui suivent, le temps est splendide. Le soleil est présent du matin au soir dans un ciel parfaitement bleu. La mer est calme et le vent est léger, ce qui permet de longues promenades sur le pont.

Mais ce temps radieux, si plaisant pour les passagers, s'avère bien plus problématique pour les pilotes de navire. L'hiver doux dans le Grand Nord a détaché d'importantes étendues de glace du Groenland. Les températures plus froides, au sud, ont par contre empêché qu'elles fondent. C'est donc une véritable mer d'icebergs qui se profile devant le *Titanic*, et les avertissements ne tardent pas à arriver, prévenant le paquebot de la présence de glace entre 46° et 41°30' de latitude nord et de 51° à 40°40' de longitude ouest. Négligeant ces mises en garde, le commandant continue d'accélérer.

Dimanche 14 avril, la journée, aussi belle que les autres, commence par un office religieux, célébré par le commandant lui-même pour les passagers de première classe, puis se déroule comme d'habitude, à la seule exception que la température est en baisse. Les passagers n'en profitent pas moins des salons du navire. Dans la salle du télégraphe, cependant, l'ambiance est tout autre. Depuis 9 heures du matin, les opérateurs reçoivent de plus en plus d'avertissements quant à la présence d'icebergs. Pas moins de sept messages sont reçus durant la journée, dont le dernier arrivera à 23 heures. Toutefois, par manque de temps et en l'absence des principaux officiers dispersés sur le navire, un seul de ces messages est communiqué au commandant, qui participe à un dîner préparé en son honneur, et à la passerelle du pilote. Aussi les officiers de garde ignorent-ils pratiquement tous que le *Titanic* fonce vers une zone de glace à une vitesse de 22,5 nœuds.

Certes, la mer est limpide en ce 14 avril, ce qui conforte le commandant dans l'idée qu'un iceberg serait vite repéré. Mais dans une nuit sans lune, sans vagues ni vent pour rebondir sur la glace, c'est tout le contraire qui se produit. Dans leur gaillarde située à 15 mètres de haut, les deux veilleurs surveillent l'horizon par une température de 0 °C. À 23 h 40, ils se figent : une masse sombre de plus en plus grosse apparaît au loin. Sans attendre, ils actionnent la cloche et téléphonent à la passerelle en criant : « Iceberg, droit devant ! » Le premier officier, William Murdoch (1873-1912), ordonne aussitôt au pilote de placer la barre à bâbord, avant de communiquer à la salle des machines d'arrêter immédiatement le navire et de faire machine arrière. Malgré la rapidité des ordres, le navire, trop gros pour son gouvernail, ne vire que très lentement à bâbord : le choc avec l'iceberg repéré à 450 mètres semble inévitable. Si la partie supérieure du *Titanic* évite l'obstacle, le bas de la coque n'a pas cette chance. Sur près de 90 mètres, le paquebot racle la glace de la partie immergée de l'iceberg. Sous la pression du choc, les plaques de tôle se tordent et font sauter les rivets. Six brèches éventrent désormais le *Titanic*.

LES FEMMES ET LES ENFANTS D'ABORD

Alors que l'iceberg défile encore le long de la coque, l'officier William Murdoch actionne immédiatement la fermeture des portes étanches de la coque. Le commandant Edward John Smith sort également de sa cabine et envoie des hommes constater les dégâts avant de se rendre lui-même, accompagné de Thomas Andrews, dans les fonds du navire. Pour la plupart des passagers, la collision est passée inaperçue ; tout au plus ont-ils ressenti une légère secousse. La situation est par contre bien pire dans les fonds. Les cinq premiers compartiments du *Titanic*, dont la chaufferie n° 6, sont touchés par l'impact. Des trombes d'eau envahissent les lieux, submergeant les mécaniciens qui n'ont que quelques secondes pour évacuer les lieux une fois la fermeture des portes enclenchée.

Face à ce désastre, Thomas Andrews est le premier à réaliser le sort qui attend désormais le *Titanic*. Le paquebot est construit pour pouvoir rester à flot avec quatre compartiments inondés. Or ce sont cinq compartiments qui prennent l'eau. Les portes étanches au-delà du quatrième compartiment n'allant pas plus haut que le pont E (dernier niveau avant la salle des machines), l'eau va tout simplement passer au-dessus des cloisons, submergeant inexora-blement les compartiments les uns après les autres. L'architecte, conscient de la catastrophe humaine qui va se produire, annonce au commandant que le paquebot qu'il pensait insubmersible est sur le point de couler. Selon ses estimations, il reste une heure, peut-être deux, au géant des mers.

Le commandant prend alors des décisions rapides. Il demande d'abord aux mécaniciens d'évacuer la vapeur des chaudières afin d'éviter des explosions, tout en gardant suffisamment de pression pour maintenir l'électricité. Il rassemble ensuite l'équipage afin de préparer les canots de sauvetage et de rassembler les passagers sur le pont. Au poste du télégraphe, il demande enfin aux opérateurs d'envoyer immédiatement des signaux de détresse à destination de tous navires dans les environs. Le message « MGY [indicatif du Titanic], CQD CQD [*come quickly distress*]. Venez immédiatement. Avons touché un iceberg. Position 41,44N. 50,24O » (MASSON (Philippe), *Le Titanic*, Paris, Tallandier, 1998, p. 49) est envoyé des dizaines de fois. Le *Carpathia* est le premier à se porter au secours du *Titanic*, mais il ne sera pas là avant quatre heures. Pourtant, on aperçoit au loin les lumières d'un autre navire, mais le bateau fantôme – probablement un navire de contrebande – reste insensible aux appels et aux fusées de détresse du *Titanic*. S'évanouissant dans la nuit, il abandonne le paquebot à son sort.

Pour les passagers, c'est la confusion. Très peu ont vu l'iceberg et chacun se croit à l'abri dans le paquebot le plus sûr du monde. Le personnel n'a d'ailleurs aucune véritable formation pour l'évacuation du navire. Pourtant, peu à peu, les passagers sont réunis sur le pont, première classe en tête, dans le vacarme infernal de la vapeur qui siffle par les cheminées. À 00 h 25, alors que le paquebot commence à pencher vers l'avant, le commandant ordonne l'embarquement dans les canots. Comme le veut la coutume, ce sont d'abord les femmes et les enfants qui sont invités à y prendre place, même si dans la réalité certains hommes ont eux aussi la chance d'y embarquer.

Dans la précipitation, de nombreuses erreurs sont commises. Les canots, d'une capacité de 65 adultes, ne sont remplis qu'à moitié, voire moins. À 00 h 45, le premier descend avec seulement

28 passagers à son bord. Au fur et à mesure que le temps passe, les autres passagers, stupéfaits, comprennent ce qui est en train de se passer, et cèdent à la panique. Dans la cabine du télégraphe, les opérateurs décident d'envoyer le nouveau signal de détresse, le premier SOS (*Save Our Souls*) de l'histoire. Comprenant l'urgence de la situation, certains passagers se transforment en véritables héros, à l'image des gentlemen qui passent leurs derniers instants à sauver le plus de femmes et d'enfants, ou encore des hommes de l'orchestre qui, sans relâche, essayent d'apaiser les derniers moments de centaines de personnes coincées sur le *Titanic*.

LA DISPARITION DU TITAN

Vers 1 h 45, les 16 canots du *Titanic* sont à la mer et s'éloignent progressivement du navire. Il ne reste plus que quatre canots pliables. Deux seulement prennent la mer : le canot C, à 1 h 45, et le canot D, à 2 h 05. Les deux autres passent par-dessus bord, sous l'effet de l'inclinaison toujours plus forte du paquebot, et partent à la dérive, sauvant plusieurs nageurs. La panique est alors totale à bord, ce qui menace la descente des derniers canots. Les officiers sont contraints de ramener l'ordre sous la menace des revolvers. Après le départ du dernier canot, le commandant libère son équipage afin que chacun puisse tenter de sauver sa vie. Beaucoup restent toutefois à leur poste, à l'image des deux opérateurs radio qui, à 2 h 17, envoient, les pieds dans l'eau, le dernier SOS du *Titanic*.

Au même moment, pour les passagers des canots, le spectacle est indescriptible. La poupe avec ses hélices est désormais hors de l'eau et dans un bruit assourdissant, on entend toutes les installations du *Titanic* glisser vers l'avant. À 2 h 17, alors que la poupe s'est soulevée d'environ 45°, les lumières commencent à clignoter avant de s'éteindre définitivement, après quoi les deux premières cheminées s'effondrent à leur tour. Quelques secondes plus tard, sous la pression extrême qu'engendre le naufrage, la coque du plus grand paquebot du monde se fend en deux entre la troisième et la quatrième cheminée dans un immense vacarme. La proue commence alors sa longue chute vers les abysses, tandis que la poupe soulevée à la verticale tire à son tour sa révérence. À 2 h 20, la coque gravée du nom de *Titanic* disparaît dans l'océan.

Des centaines de passagers sont aspirés avec le paquebot vers les fonds marins. Pour les autres, le calvaire est loin d'être terminé. Criant à l'aide sans relâche, ils se retrouvent à nager dans une eau à -2 °C, contraints à une lente agonie. Parmi les survivants des canots, la peur de chavirer l'emporte sur la volonté d'aider les autres. Seul un canot retourne à la recherche de rescapés après plus d'une heure d'attente. Quatre personnes, au milieu des centaines de cadavres, sont repêchées. Enfin, vers 4 heures, les lumières du *Carpathia* apparaissent aux derniers rescapés. Ce n'est qu'à 8 h 10 que le dernier survivant monte à bord du navire. La tragédie est colossale : sur les 2 200 personnes présentes sur le *Titanic*, seules 700 auront survécu.

RÉPERCUSSIONS

UNE SÉCURITÉ RENFORCÉE

De part et d'autre de l'Atlantique, la tragédie du *Titanic* suscite un vif émoi. Dès le 19 avril 1912, soit au lendemain de l'arrivée des rescapés à bord du *Carpathia*, une commission d'enquête américaine se penche sur la catastrophe. Elle est suivie, quelques semaines plus tard, par la commission d'enquête du *British Board of Trade*, le comité chargé de la législation sur le commerce notamment maritime.

La commission américaine s'avérera bien plus sévère que le comité britannique vis-à-vis des propriétaires du paquebot, reprochant entre autres à Joseph Bruce Ismay d'avoir survécu alors que tant d'autres ont péri. Les deux enquêtes arrivent toutefois à des conclusions relativement similaires. Si la conception du *Titanic* n'est pas remise en cause, l'idée d'un bateau insubmersible s'effondre à jamais. En outre, on reconnaît que le navire ne disposait pas de canots de sauvetage en suffisance et que, de surcroît, il allait trop vite. Cependant, le manque de canots n'était pas en infraction avec la législation, et le commandant Smith est disculpé des accusations de négligence. Les commissions trouvent néanmoins un bouc émissaire en la personne de Stanley Lord (1877-1962), le commandant du *Californian*. À l'époque, tous pensent que son bateau n'est autre que le navire-fantôme qui a ignoré les appels de détresse du *Titanic*. Ce n'est qu'avec la découverte de la position de l'épave que le commandant, discrédité, sera réhabilité, bien après sa mort toutefois.

Au vu de la catastrophe, les nations et les compagnies maritimes tirent les leçons qui s'imposent. Les autorités exigent ainsi l'établissement de nouvelles règles de sécurité pour le transport maritime.

Les routes transatlantiques sont modifiées : les navires devront désormais passer plus au sud afin d'éviter les glaces dérivantes. De plus, ils devront maintenant disposer d'un nombre de canots de sauvetage suffisant pour contenir l'ensemble des passagers et membres d'équipage. De même, durant les voyages, les commandants seront tenus de réaliser des exercices de sauvetage et d'évacuation afin que tout le monde soit prêt en cas d'urgence. Enfin, le télégraphe puis la radio seront désormais obligatoires, avec des opérateurs présents 24h/24 pour les navires d'une capacité de plus de 50 personnes.

Le naufrage du *Titanic* donne aussi lieu à l'organisation de plusieurs conférences sur la sécurité en mer. À la fin de l'année 1913, les principaux pays tributaires de la navigation dans l'Atlantique Nord s'accordent pour créer la patrouille internationale des glaces. Cet organisme, en fonction depuis 1912 à l'initiative de la marine américaine, est chargé de patrouiller et de surveiller dans l'Atlantique Nord-Ouest les avancées de la banquise et la dérive des icebergs. Le cas échéant, les navires situés dans le secteur sont informés et déviés par la patrouille afin d'éviter tout accident. Toujours en fonction aujourd'hui avec des moyens accrus tels que des avions, la patrouille internationale des glaces rassemble 17 pays. Le succès de l'organisme est total. Jusqu'à ce jour, plus aucun accident causé par la collision avec un iceberg n'a été déploré dans l'Atlantique Nord-Ouest.

LA NAISSANCE D'UN MYTHE

La tragédie du *Titanic* s'est imprimée dans les mémoires collectives au point qu'elle frappe encore aujourd'hui l'imaginaire. En 1912, la presse est la première à s'emparer de la nouvelle du naufrage. Pendant des jours, le paquebot fait la une des journaux, chacun donnant son explication de l'accident, la liste des passagers disparus ou sauvés sans oublier les premiers témoignages des rescapés. À la presse succèdent la littérature et le cinéma. Très tôt après la tragédie, les premiers ouvrages écrits par des rescapés sont publiés. À ce jour, ce ne sont pas moins de 850 livres qui sont consacrés au *Titanic*, ce qui témoigne de l'incroyable succès de son histoire.

Parallèlement, plus d'une douzaine de films relatant les dernières heures du paquebot géant, sans compter les documentaires, voient le jour. Le premier sort à peine un mois après le drame, le 14 mai 1912, provoquant l'indignation des rescapés encore traumatisés. Quelques années plus tard, le *Titanic* devient même un objet de propagande nazie lorsque Joseph Goebbels (homme politique allemand, 1897-1945) fait d'un Allemand le héros du naufrage, celui-ci ayant selon lui sauvé de nombreuses vies contrairement aux Britanniques, qui auraient causé la perte du navire. Mais le film qui remporta le succès le plus retentissant n'est autre que celui de James Cameron (né en 1954), qui a ravivé l'engouement pour le paquebot disparu en 1997.

À côté de l'histoire, l'épave du *Titanic* a également fait l'objet de tous les fantasmes. Dès les premières années qui ont suivi le drame, plusieurs sociétés rêvent de renflouer le navire, dont les commissions d'enquête ont affirmé qu'il avait coulé intact. Mais le manque de ressources technologiques à l'époque mène chaque tentative à un échec. Ce n'est que dans les années quatre-vingt que l'épave est enfin repérée. En 1985, le géologue américain Robert Ballard (né en 1942), de l'Institut océanographique de Woods Hole, se lance à son tour à la recherche du *Titanic*. Afin de mettre toutes les chances de son côté, il développe un appareil d'exploration sous-marine, baptisé *Argo*, doté de caméras ainsi qu'un petit robot télécommandé appelé *Jason*. Le navire de recherche dispose de même d'un sonar latéral. Après plus d'un mois et demi de recherche sur une surface de 250 km^2, l'*Argo* transmet, le 1er septembre 1985, les images de l'épave. Pas de doute c'est le *Titanic*. Les jours qui suivent, les chercheurs découvrent que la proue et la poupe du paquebot sont séparées par 600 mètres de débris, remettant en cause les conclusions des enquêtes : le navire s'est bel et bien brisé durant le naufrage. L'année suivante, une nouvelle expédition emmène cette fois des passagers dans les sous-marins. Pour la première fois depuis le drame, des hommes revoient le paquebot en direct. Depuis lors, des dizaines d'expéditions ont eu lieu, ramenant des milliers d'objets à la surface, allant de simples morceaux de charbon jusqu'à une immense plaque de tôle provenant de la coque.

Aujourd'hui, l'épave du *Titanic* est en passe de disparaître, rongée par la mer et les courants marins, mais la splendeur du paquebot qui a suscité tant d'admiration à son époque restera, de même que son histoire, à jamais gravée dans les mémoires.

EN RÉSUMÉ

31 mars 1909	Début de la construction du *Titanic*
Mars 1912	Fin des travaux
10 avril 1912	Voyage inaugural du *Titanic*
14 avril 1912	Avertissements concernant les glaces dérivantes
14 avril, 23 h 40	Les veilleurs aperçoivent un iceberg
15 avril, 00 h 45	Le premier canot de sauvetage prend la mer
15 avril, 2 h 05	Le dernier canot est jeté à l'eau
15 avril, 2 h 17	Les lumières du *Titanic* s'éteignent
15 avril, 2 h 20	Le *Titanic* coule
15 avril, 4 heures	Arrivée du *Carpathia*

- Afin de concurrencer les navires *Lusitania* et *Mauretania* de la compagnie *Cunard*, Joseph Bruce Ismay, président de la *White Star Line*, lance le projet en 1907 de construire trois gigantesques paquebots, dont l'un sera le *Titanic*.

- La construction du géant débute le 31 mars 1909 dans les chantiers navals *Harland & Wolff* de Belfast. Les travaux s'achèvent trois ans plus tard, en mars 1912, faisant du *Titanic* le paquebot le plus grand, le plus gros et le plus luxueux du monde.

- Le voyage inaugural du *Titanic* débute le 10 avril 1912 à Southampton. Le paquebot y évite de justesse une collision avec le *New York*, dont les amarres sont rompues. Il se rend ensuite à Cherbourg et à Queenstown afin d'embarquer les derniers passagers avant la traversée de l'Atlantique.
- À 13 h 30 le 11 avril, le *Titanic* s'éloigne des côtes d'Irlande en direction de New York. Le temps est splendide durant les trois jours qui suivent.
- À l'ouest, pourtant, la situation s'annonce plus problématique en raison de la présence de nombreux icebergs.
- Le dimanche 14 avril, les avertissements concernant des glaces dérivantes sur la trajectoire du *Titanic* s'intensifient. Toutefois, le commandant maintient la vitesse du navire et s'imagine pouvoir éviter tout danger.
- Or, suite aux mauvaises conditions de visibilité, les veilleurs aperçoivent trop tard un iceberg à 23 h 40.
- Immédiatement prévenu, l'officier de garde dévie le navire, le fait arrêter et demande de faire machine arrière. Mais le *Titanic*, ralenti par son poids, réagit trop lentement. La coque racle la glace immergée de l'iceberg à tribord. La pression y engendre l'ouverture de plusieurs brèches.
- Le commandant Smith et l'architecte Thomas Andrews constatent alors la gravité des dégâts. Cinq compartiments de la coque sont touchés alors que le paquebot ne peut supporter que quatre compartiments inondés : le *Titanic* est condamné. Alors que 2 200 personnes se trouvent à bord, seules 1 178 places sont disponibles dans les canots de sauvetage.
- L'évacuation est immédiatement ordonnée et des signaux de détresse sont envoyés à tous les navires à proximité. À 00 h 45, le premier canot de sauvetage prend la mer. Le dernier est mis à l'eau à 2 h 05. Pendant ce temps, le navire s'incline de plus en plus vers l'avant jusqu'à atteindre un angle de 45°.

- À 2 h 17, les lumières du *Titanic* s'affaiblissent et finissent par s'éteindre définitivement. Les deux premières cheminées s'effondrent, écrasant des dizaines de personnes. Enfin sous la pression colossale du naufrage, le paquebot se brise en deux, entre la troisième et la quatrième cheminée. La proue sombre tandis que la poupe se met à la verticale, avant de couler à son tour à 2 h 20.

- Les centaines de passagers encore à bord sont alors aspirés par l'épave, ou se retrouvent jetés dans une eau glaciale sans secours. Au milieu des cadavres, seules quatre personnes sont repêchées vivantes de l'eau, après plus d'une heure d'attente.

- Venu porter secours au *Titanic*, le *Carpathia* arrive vers 4 heures. Ce n'est qu'à 8 h 10 que le dernier survivant monte à bord du navire.

POUR ALLER PLUS LOIN

SOURCES BIBLIOGRAPHIQUES

- BÉCHU (Jean-Pierre), *La Belle Époque et son envers. Quand la caricature écrit l'histoire*, Monte-Carlo, Sauret, 1980.
- HOWELLS (Richard Parton), *The Myth of the Titanic*, New York, St. Martin's press, 1999.
- *Les paquebots. Histoire d'un siècle. 1843-1944*, Paris, Le Livre de Paris, 1987.
- MASSON (Philippe), *Le Titanic*, Paris, Tallandier, 1998.
- PEILLARD (Léonce), *Sur les chemins de l'océan. Paquebots 1830-1972*, Paris, Hachette, 1972.
- PIERRE (Michel), *1900/1910. Une presque Belle Époque*, Paris, Gallimard, 1999.
- RIFFENBURGH (Beau) *et al*, *Toute l'histoire du Titanic : la légende du paquebot insubmersible*, Bagneux-Bruxelles-Zurich, Reader's Digest, 2008

SOURCES COMPLÉMENTAIRES

- EATON (John P.) et HAAS (Charles A.), *Titanic : Triumph and Tragedy*, New York-Londres, Patrick Stephens, 1998.
- HUTCHINGS (David) *et al*, *Titanic 1909-1912. Les secrets de la construction du Titan des mers*, Antony, Etai, 2012.
- « La révolution industrielle et l'apparition du grand capitalisme », in *Histoire universelle. Le XIXe siècle en Europe et en Amérique du Nord*, t. 17, Paris, Hachette, 2007.
- LAGIER (Rosine), *Tragiques destins des paquebots transatlantiques*, Rennes, Ouest-France, 2012.

- Lᴏʀᴅ (Walter), *La nuit du Titanic 14-15 avril 1912*, Paris, Laffont, 1958.
- « Positivisme et science expérimentale », in *Histoire universelle. Le xıxᵉ siècle en Europe et en Amérique du Nord*, t. 17, Paris, Hachette, 2007.

FILMS ET DOCUMENTAIRES

- *Atlantique, latitude 41°* (*A Night to Remember*), film de Roy Ward Baker, avec Frank Lawton, Michael Goodliffe et Laurence Naismith, Royaume-Uni, 1958.
- *Titanic*, film de James Cameron, avec Leonardo DiCaprio, Kate Winslet et Billy Zane, États-Unis, 1997.
- *Les Fantômes du* Titanic, documentaire de James Cameron, avec Bill Paxton, John Broadwater et Lori Johnston, États-Unis, 2003.
- *Titanic : de sang et d'acier*, série télévisée, de Ciaran Donnelly, avec Neve Campbell, Kevin Zegers et Matthew Faulk, France-Canada-Italie-Irlande, 2012.
- *Titanic : l'Ultime Scénario*, documentaire de Herlé Jouon, France, 2012.

MUSÉES ET MONUMENTS COMMÉMORATIFS

- Chantiers *Harland & Wolff* (Irlande).
- Épave du *Titanic* (Atlantique Nord, 41° 43' 57''N ; 49°56'49''O).
- Monument commémoratif du Titanic à Belfast (Irlande).
- Monument commémoratif du Titanic à New York (États-Unis).
- Musée Titanic de Belfast (Irlande du Nord).
- Musée Titanic à Indiana Orchard, dans le Massachusetts (États-Unis).

50MINUTES
Art
Business
Histoire
Business | numéro 9
LA PYRAMIDE DES BESOINS
DE MASLOW
Pourquoi faut-il comprendre
les besoins des cliens ?
50MINUTES
Grandes Batailles | numéro 1
LE DÉBARQUEMENT
DE NORMANDIE
Overlord, l'opération décisive
de la Seconde Guerre mondiale
50MINUTES
LE CARAVAGE
ET LES JEUX DE LUMIÈRE

www.50minutes.com

Éditeur responsable : Lemaitre Publishing
Rue Lemaitre 4 | BE-5000 Namur
info@lemaitre-editions.com

ISBN ebook : 978-2-8062-5926-4
ISBN papier : 978-2-8062-5927-1
Dépôt légal : D/2014/12603/233
Photo de couverture : © US National Archives and Records Administration.

Conception numérique : Primento,
le partenaire numérique des éditeurs